公民科学素质百问百答

《公民科学素质百问百答》编委会 编

科学普及出版社

·北 京·

图书在版编目（CIP）数据

公民科学素质百问百答/《公民科学素质百问百答》编委会编.
—北京：科学普及出版社，2018.5（2024.10重印）
ISBN 978-7-110-09142-5

Ⅰ.①公… Ⅱ.①公… Ⅲ.①科学知识-普及读物 Ⅳ.①Z228

中国版本图书馆CIP数据核字(2015)第135051号

策划编辑	郑洪炜
责任编辑	李　洁
图文设计	逸水翔天
责任校对	杨京华
责任印制	李晓霖

出　　版	科学普及出版社
发　　行	中国科学技术出版社有限公司
地　　址	北京市海淀区中关村南大街16号
邮　　编	100081
发行电话	010-62173865
投稿电话	010-63581070
网　　址	http://www.cspbooks.com.cn

开　　本	787mm×1092mm　1/32
字　　数	30千字
印　　张	3.75
印　　数	41001-43500册
版　　次	2018年5月第1版
印　　次	2024年10月第6次印刷
印　　刷	河北鑫兆源印刷有限公司
书　　号	ISBN 978-7-110-09142-5/Z·212
定　　价	18.00元

编委会

刘　博　杜寻辉　黄政芬　刘培育　任晓妮

数学与信息

物质与能量

生命与健康

地球与环境

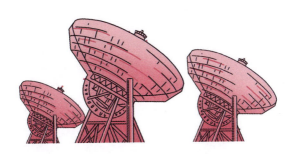

工程与技术

科技与社会

数学与信息

1 为什么因特网被评为20世纪影响人类的十大发明之一？

电子计算机、机器人、因特网……这些耳熟能详的名字不仅高频率地出现在我们的生活中，更是在过去的一个世纪深刻影响了我们的生活，甚至影响了人类发展的进程。

人们已经开始习惯每天联网的生活。然而，因特网最初是为军事服务的，早在1969年被美国科学家用于计算机联机工作。我们常说的因特网也就是Internet的音译，也称互联网。它是通过协议相连的庞大网络。逻辑上的单一

和巨大，使它可以在瞬间将信息送到千里之外的联网主机上。可以说，因特网是信息社会的基础。

2 纳米机器人能成为未来医生的主力军吗？

药品和手术可以治疗人类的大多数疾病，但是仍无法在分子水平上进行精准治疗。假如可以在血液中植入纳米机器人，让它们在人体内探测巡逻，直达病毒所在，精准释放药物杀灭病毒，预判疾病并进行诊断，就能为我们的身体健康更好地保驾护航。

幸运的是，这不是科幻，而是可能成为现实的人类未来的医疗革命。它实现的基础是科学家提出的纳米机器人概念。

知 识 链 接

　　纳米是长度单位，1纳米=10^{-9}米，原子直径约为0.1纳米。纳米机器人的大小是纳米级别的。

3 | 我们天生就有概率直觉吗？

　　我们可能很难猜对一枚硬币连续抛出后均是正面的可能性，也可能无法判断从一副扑克牌中连续抽到红桃的概率，但是我们仍然有可能天生就拥有估计事件发生概率的能力。

此前的研究认为，预测概率的能力并非天生，而是依赖于后天的教育。然而近期的研究指出，对概率的估计可能是人类的一种原始的直觉，婴幼儿也能有限度地理解概率，年龄越小越相信自己的最初感觉。

不同于直觉，高级理解有助于我们利用数学和分析计算概率结果。

4 世界在电脑"眼"中都是0和1吗？

我们把各种视频图片存入电脑，我们用电脑处理复杂的数据，我们通过电脑再次认识了这个世界。然而在电脑的"眼"中，世界并非是屏幕上所展现的多姿多彩，而只是0和1的组合。

　　0和1代表二进制数据，二进制是计算机技术中广泛采用的一种数制，因为计算机只能识别和处理由0和1符号串组成的代码。这种代码简单方便，易于用电子方式实现。计算机中的数据均以0和1的方式储存。

1000011101
0101010111001
0011101010110
101010101000
111101

电脑也能像我们一样思考吗？

知 识 链 接

　　二进制是由18世纪德国数学家、哲学大师莱布尼兹发现的，进位规则是"逢二进一"，借位规则是"借一当二"。

5 | 圆周率为什么值得拥有属于自己的"圆周率日"？

圆周率究竟哪里吸引人，能让数学家对它如此痴迷，甚至将每年的3月14日定为圆周率日？

小贴士

圆周率的小数展开看上去似乎是完全随机的，但仍有办法计算。如在有限时间内，能计算出π的小数点后第一亿位是多少。

其实，圆周率本身既是一个诡异的数字，又是一个奇迹。无论一个圆有多大，它的周长和直径之比都是一个固定值，是3.141592653……这个无限不循环的无理数被称为圆周率，用希腊字母 π 表示。在日常生活中一般采用 π ≈ 3.14

进行计算，如果科学家要进行较精确的计算，一般取值至小数点后几百位。

6 云计算能让我们用最少的付出获得最全的服务吗？

在十几年前，人们想利用手机、笔记本电脑处理、存储海量的数据或在网上购买世界各地的商品并快速收货，几乎是不可能的。但是云计算的普及和发展，让这一切成为可能。

云计算早已深入我们生活的方方面面，并让我们用最少的付出获得最全的服务。这种基于因特网的相关服务的增加、使用和交付模式，让互联的计算机共享资源、存储、服务等，甚至可以让你体验每秒10万亿次的运算能力和模拟

核爆炸的盛况。

云计算并不是新的计算方式，而是将数据、系统及处理的过程搬到网上，而非由本地服务器进行。

7 人类会成为人工智能的宠物吗？

想养只宠物狗，但是需要每天遛弯、洗澡，怕麻烦怎么办？人工智能宠物机器狗的研发和应用解决了这些问题。可以对四周环境做出独立反应、会表达感情、能互动的人工智能宠物狗已经在多国面世。

既然已经民用的智能机器人都能如此智慧，那么它们的智力会不会超过人类甚至最终不受人类的控制呢？这是有可能的。人工智能机器人是否能对人类造成威胁取决于它的"大脑"，即人工智能系统。它能处理海量信息，并且智力可以延续。也许在科技发展的未来，人工智能机器人会拥有更多的智慧和思想，甚至对人的态度也会发生变化。到那时，人类会不会成为人工智能的宠物呢？

8 万物互联能互联万物吗?

"互联网+"的提出,预示着我们正在走进"万物互联"的时代,届时所有的东西将会获得语境感知、增强的处理能力和更好的感应能力。

万物互联是将人、数据、因特网联系起来,而且随着用户数的增加,网络的价值呈指数级增长。可以想象静默的物体被赋予了声音,进而唤醒你需要的任何事物,这将带来多么大的发展前景和商机。

9 数据比你自己更懂你吗?

当你正想着家里缺什么日用品,手机上的客户端已经将购物网站的优惠信息推送过来了。当你浏览视频网站时，网站会根据你的浏览记录将你可能感兴趣的视频推荐给你。

这些都归功于大数据。不仅如此，大数据已经深入到我们生活中的方方面面。当你查看朋友圈、浏览新闻、搜查信息、下载App……都会在网络上留下痕迹，这些痕迹积累起来就形成了你的大数据。服务商通过分析你的各项个人数据，会根据你的行为习惯向你推送服务，有时得出的结论甚至比你自己的选择还对，让人产生"数据更懂我"的感觉。

10 黄金分割让世界更美丽吗?

神秘的大自然、美丽的艺术品、非凡的建筑……很多美丽的馈赠都离不开

黄金分割。0.618，这个简单的数字无处不在地为我们呈现出一场又一场的视觉盛宴。

为什么黄金分割的物体让我们觉得更美丽呢？黄金分割可以说是信息量最大的简单图形。最早有关黄金分割的记录出现在古希腊，传说是来源于毕达哥拉斯一次听到铁匠打铁的偶遇。他根据打铁过程中长短相间、悦耳动听的叮当声，发现了黄金分割。后来黄金分割被广泛地应用于绘画、建筑等领域。如画作《蒙娜丽莎》、雕像《断臂维纳斯》等均运用了黄金分割。

知-识-链-接

　　黄金分割指将物体一分为二，较大部分与整体部分的比值等于较小部分与较大部分的比值，其比值约为0.618。

物质与能量

11 所有的辐射都有害吗?

辐射指能量以电磁波或粒子的形式向外扩散的方式,常见的辐射有核辐射、宇宙辐射和电磁辐射。辐射无处不在,它没有颜色,没有气味,无形存在,并且可以穿透包括人体在内的多种物体。不过不用担心,正常的天然辐射对人体几乎没有伤害。

知 识 链 接

人的细胞能发射微弱的无线电波,人体也能散发辐射。

12 为什么先看到闪电后听到雷声？

妈妈，雷声好大，我害怕。

看到闪电，捂上耳朵，声音就会小多了。

打雷和闪电是带异种电荷的云层或云层与大地之间的放电现象，放电过程中产生的火花就是闪电，放电过程产生的声音就是雷声，两者是同时发生的。但为什么我们会先看到闪电，后听到雷声呢？这是因为光速比声速快得多，光每秒前进30万千米，而声音每

知·识·链·接

光速≫声速，可用闪电与雷声的间隔时间乘以声速得出放电云层的高度。

秒只能前进340米。知道了这个道理，就可以通过闪电和雷声的间隔时间，判断放电云层的高度了。

13 为什么钓鱼时需要保持安静?

当人们在岸上聊天时，声音会通过空气，再经过水传给鱼。声音在水中传播

知识链接

声音可以在气体、液体和固体中传播，其传播速度依次增加。

时，会产生波动，鱼根据波动的强弱就可以分辨出是否有危险，所以说想钓到鱼，首先要能耐得住寂寞。

我们在古装影视作品中，经常可以看到这样的场景：一个人趴在地上，用耳朵贴地倾听，来判断远方有没有骑马

的追兵。这是利用了声音在固体中传播速度快的原理。

14 激光笔为什么能发出多种颜色的光?

激光笔是用激光作为指示的一种工具。它的方向性好,传递距离长,经常作为教学工具使用。激光笔发出光束的颜色,取决于激光的波长,我们常见的激光笔以红色为主,这是因为红色激光笔制作比较容易,价格较为便宜。

激光聚焦性强,照射部位会产生热效应。如果用激光笔直接照射眼睛会使其灼伤,严重的会导致失明。

15 为什么太阳的变化会影响地球的无线电通信?

无线电通信是利用无线电磁波在空间传输信息的通信方式,可以传送声音、文字、数据、图像等内容。太阳的活动(如耀斑)会导致电离层产生扰动,进而影响通过电离层进行传播的短波通信,影响电报、电话和广播的正常工作。

16 原子是缩小版的太阳系吗?

卢瑟福在1911年提出了原子模型,该模型又被称作"原子太阳系模型"。原子结构与太阳系结构存在相似之处:在原子中,核外电子以原子核为中心运

动，原子核的质量远远大于核外电子的质量。在太阳系中，行星以太阳为中心运动，太阳的质量远远大于行星的质量。

知识链接

在原子模型中，核外电子进行着无规则运动，而行星围绕太阳系的运动则遵循一定的规律。

17 被放射性物质污染的食物加热后还能食用吗？

放射性的物质存在能产生衰变的原子核，会释放出只有用专业仪器才能检测到的射线。对含有放射性物质的食物进行加热，仅能破坏食物的分子结构，而改变不了原子核内部的结构，所以采用加热的方式无法去除放射性，被污染的食物是不可以食用的。

知 识 链 接

玛丽·居里（居里夫人）是研究放射性现象的先驱。她发现了镭和钋两种天然放射性元素，一生两度获得诺贝尔奖。

18 为什么铁轨中间要留出空隙?

铁轨是用钢铁铺设的,钢铁存在热胀冷缩的现象。夏天的气温很高,会使铁轨发生热膨胀变形。为保证铁轨在高温下的正常运行,在铺设铁路时,需要在两段铁轨中间留出空隙,以防膨胀后铁轨变形。

19 只有运动的物体才有惯性吗？

在解答上述问题之前，我们首先要弄清：物体的运动需要力

来维持吗？古希腊哲学家亚里士多德认为：物体的运动必须有力的维持。这个观点一直持续了近2000年。17世纪，意大利科学家伽利略提出不同的观点，并通过斜面实验进行论证。牛顿在前人的基础上进行完善，提出了著名的牛顿第一定律：一切物体总保持匀速直线运动状态或静止状态，直到有外力迫使它改变这种状态为止。换句话说：物体有保持原来运动状态的性质，这个性质就是惯性。说到这里，就不难理解了。惯性

是物体与生俱来的一种性质，一切物体在任何情况下都具有惯性，且与它的运动状态没有关系。

20 喀斯特地貌是如何形成的？

喀斯特地貌（岩溶地貌）是水对可溶性岩石溶蚀后形成的地表和地下形态的总称。我国广西、云南等地都有喀斯特地貌观景名胜区。喀斯特地貌形成的原因：石灰岩（主要成分是碳酸钙）在水和二氧化碳的作用下，生成可溶于水的碳酸氢钙，岩石产生空洞，随着时间的推进，空洞逐步扩大，最终形成奇特的景观。

21 为什么要提倡低盐饮食？

食盐是日常生活中常见的调味食品，更是维持人体生存不可或缺的物质之一，它的主要成分是氯化钠。虽然食盐必不可少，但是摄入过量的钠会增加血液循环的负荷，导致血压上升，长期高盐饮食，有引发中风和心血管疾病的风险。心脏病、肾脏病、高血压患者，更应该在饮食中严格控制食盐的摄入量。需要注意的是：咸菜、皮蛋、火

腿、虾米等食品都属于"隐形高盐"食品，应适量食用。

　　我国提倡每日食盐摄入量少于5克，高血压、心脑血管疾病患者，应控制在4克以下。

22 用头发也能制造钻石吗？

用头发就能制成永恒的钻石？长发飘飘的女孩子听到这个消息是不是有些小激动？先别激动，让我们来看看头发变钻石是如何实现的：首先，要从人体提取发丝，通过高温碳化提纯发丝中的碳元素。其次，高温、高压结晶。最后，通过切工打磨形成钻石成品。我国已经掌握了这项技术，每克拉头发钻石的价格比天然钻石的价格要低很多。

知 识 链 接

钻石、头发、石墨的主要成分都是碳元素，经过特殊处理，石墨也可以变为钻石。

23 为什么在月球上跳远能轻松刷新世界纪录?

地球上的物体都受到地球引力的作用。当你跳远或者跳高的时候,总会有一只无形的"手"把你抓回地面。但在不同的星球上,物体所受到的引力的大小是不同的,比如月球引力仅为地球引力的1/6。所以,当你在月球上跳远或者跳高时,可以轻松刷新地球上的世界纪录。

知 识 链 接

在距离不变的条件下,星球质量越大,它对物体的引力越大。

24 铁锅的厚度影响饭菜的口味吗?

有人说使用厚些的铁锅炒出的菜更

好吃，难道铁锅的厚度也会影响菜的味道吗？比较厚的铁锅可以使菜受热更均匀，不容易糊锅。从这个角度来说，上述说法是有一定道理的。

小贴士

　　使用铁锅炒菜，可以补充人体所需微量元素——铁元素，它有益人体健康。

25 为什么说水是一种古老的物质?

　　水是由氢和氧两种元素组成的无机物，是人类赖以生存的重要资源。地球上的水在地球诞生不久就已经存在了（大约46亿年前）。关于地球上水的来源，科学界还存在分歧，主要观点有"火山说""彗星说"等，但至今还没有确切的答案，有待进一步探究。

生命与健康

26 想在火星上自由呼吸，需要先引入植物吗？

我们已经可以到达地球上的大多数地方，也可以驾驶飞船离开地球飞向太空。假如有一天我们真的可以去到火星，还能否像在地球上这样自由呼吸呢？我们不能在火星上呼吸，最重要的原因在于大气中的物质组成——大气中的氧气含量决定了人类能否生存。氧气也并非地球本身既有的，它主要来源于植物的光合作用，而动物呼吸时则吸入氧气再呼出二氧化碳，最终在生态圈中形成良性循环。

知 识 链 接

　　光合作用指植物和某些细菌通过自身作用，将二氧化碳（或硫化氢）和水转化为有机物，并释放出氧气（或氢气）的生化过程。

27 宝宝的性别听谁的？

　　以前相当长的时间里，人们认为宝宝的性别是由母亲决定的，但是现代科学证明，宝宝的性别是由父亲决定的。这个决定因素就是男性的性染色体。

人类有23对染色体，其中22对为常染色体，1对为性染色体，其中女性的性染色体用XX表示，男性的用XY表示。人体产生的生殖细胞中，卵子含有的性染色体只为X，精子含有的性染色体为X或者Y。若卵子与含X的精子结合，婴儿性别为女；与含Y的精子结合，婴儿性别为男。

小贴士

> 孕囊、唐氏筛查、胎心、肾盂分离等检测不能用于判断胎儿的性别，只能用于获悉宝宝的发育是否正常。

28 为什么薰衣草多是紫色的？

普罗旺斯以薰衣草闻名遐迩，遍地薰衣草的紫色花海让人心旷神怡。然而，为什么遍地薰衣草几乎都是紫色的呢？

这是由植物的遗传性状决定的，花色的有无和性质都是由基因控制的，控制花色的基因又是高度专一化的。植物通过繁殖将这种基因传递给后代。如果某一地区的薰衣草的花色控制基因所表达的性状为紫色，后代薰衣草仍多呈现为紫色。

为什么我们都是紫色的？

这是我们的遗传性状决定的，我们还能将这么漂亮的颜色一直传递下去。

29 抗生素帮你治病，还是让你胖？

孩子在成长过程中，会经常接受抗生素治疗。发达国家的统计显示，孩子成年前平均接受10～20个疗程的抗生素治疗，而中国更多。

而近期研究显示，抗生素对体重可能有很大的影响。研究认为，抗生素影响肠道菌群，对儿童的体重有一定的影响。根据某项长达7年的随访，如果婴儿在出生后6个月内使用了抗生素，这些孩子在7岁时的体重会高于未使用抗生素的孩子。至于使用抗生素能不能让成年人也变胖，目前还没有确切的研究成果。

30 有必要对乙肝病毒谈之色变吗?

经常看到这样的报道：××单位在招聘员工时，因某个员工为乙肝病毒携带者而拒绝录用，理由是怕传染给其他员工。真的有必要对乙肝病毒如此谈之色变吗？

妈妈，这里人这么多，我们会不会感染乙肝啊？

放心吧，乙肝的主要传播途径是血液传播，母婴（父婴）垂直传播，体液传播（性传播，唾液传播），正常接触不会传染的。

乙肝病毒是最常见的经体液传播的病毒，而且生存能力非常强，一般的消毒方法都无法杀死它。但是，这并不意味着在日常生活中我们就容易感染乙肝病毒。在身体表面没有破损、不与乙肝病毒携带者的体液接触的情况下，被传染的概率极小。

知 · 识 · 链 · 接

乙肝病毒的主要传播方式包括血液传播、母婴传播、医源性传播、性传播、父婴传播等。

31 传染病当前，疫苗打还是不打？

许多国家都建议甚至规定儿童需要在特定时间内接种疫苗，也有一些国家因为儿童接种疫苗产生不良反应，发生大规模的疫苗抵制活动。

　　然而自20世纪70年代开始，有多国的研究表明，若某段时间内疫苗接种率降低，随后某些疾病的发生率会提高。虽然疫苗接种不良反应仍然存在，但它是小概率事件，如果因此拒绝接种疫苗，很有可能会造成疫病流行。

32 "垃圾DNA"真的是垃圾吗?

历时9年,在全世界32个实验室的442名研究人员的努力下,"DNA元件百科全书"数据库计划终于完成。这可以称得上是21世纪迄今为止生物学和医学最重要的发现,同时也打破了之前人们一直认为的人类基因组中有90%以上的序列是没有作用的"垃圾DNA"的说法。

研究发现,人类基因组80%的成分有至少一种生化功能。那些曾被认为是无效基因的成分,实际上可以以转录为RNA等形式,对真正基因的表达起到关键的调节作用。

33 二手烟危害大，所以还不如吸一手烟吗？

很多人都听过这样的说法：二手烟的危害比一手烟大，不抽烟的人比抽烟的人受到的伤害更多，所以还不如自己吸烟。

知 识 链 接

国际癌症研究署把香烟烟雾分为两种：主流烟与支流烟。主流烟指从香烟过滤嘴端吸出的烟雾，即我们常说的一手烟；支流烟则是烟草闷烧产生的烟雾，即我们常说的二手烟。

实际上，没有证据证明不吸烟者比吸烟者健康受到更大威胁。有研究表明，暴露在主流烟中的白鼠肺癌发生率较高，暴露在支流烟中的白鼠健康指标

受影响较大，但是对兔子等其他动物的实验结果并不明显。该实验的前提是同样的烟雾浓度，这在生活中很难进行考量，因此哪种方式对人类的影响大尚无定论。

34 抗生素能和酸奶一起服用吗?

有时候服用抗生素会引起消化不良，有的人会饮用酸奶，希望酸奶中的益生菌能帮助消化。这样真的有效吗?

其实两者是否能够一起服用，还是要看抗生素的种类。在饮用酸奶、牛奶、加钙的果汁等含钙质的食物后的几个小时内，大多数抗生素都不适合服用，否则会影响药物的吸收。这类抗生素包括环丙沙星、诺氟沙星等。

35 艾滋病毒能通过空气传播吗?

1981年6月5日,由美国疾病预防控制中心刊登在《发病率与死亡率周刊》上的5例艾滋病病例报告,第一次将这个后来让大家闻之色变的病症完整地展现在世人面前,1982年艾滋病被正式命名。

在过去的几十年内,艾滋病夺去了数百万人的生命,也给公众带来了很多误解。根据调查,美国人认为艾滋病毒传播途径的前3名分别是使用艾滋病患者用过的杯子喝水、接触艾滋病患者用过的坐便器以及与艾滋病患者在一起游泳。值得庆幸的是,这几种方式以及日常的普通接触一般都不会感染艾滋病

毒，因为艾滋病毒暴露在空气中存活时间最多不超过5秒。

> **知 识 链 接**
>
> 艾滋病毒的主要传播方式包括性接触传播、血液传播和母婴传播。

36 所有细菌对人类都是有害的吗？

提到细菌，人们可能会想到肮脏和疾病，甚至想立即购买一瓶消毒液。但并不是所有的细菌都对人类有害，很多细菌还是我们离不开的。

在我们的肠道中有超过10万亿个细菌，存在有益细菌也存在有害细菌，如乳酸菌和双歧杆菌就是有益细菌，它们可抑制有害菌的生长，促进人类健康和长寿；表皮葡萄球菌在人体皮肤中可以阻止某些真菌的生长；变形链球菌在口腔中负责将蔗糖转换成乳酸；酵母菌有助于降低与抗生素有关的儿童腹泻风险。

37 磷肥能让植物枝叶繁茂、果实饱满吗？

得益于现代农业技术，我们吃到了种类更丰富的瓜果蔬菜。在农业生产中，施用肥料是不可或缺的一环，那么，是哪种肥料让作物枝叶繁茂、果实饱满呢？

磷肥是一种常见的肥料，全称磷素肥料，以磷为主要养分。磷在植物生长过程中扮演了重要的角色，它是细胞原

生质的组分，对细胞的生长和增殖起到了重要的作用。磷肥还能促进植物根系的生长，使植物提早成熟。植物在结果时，磷被大量转移到籽粒中，使籽粒饱满。不过，虽然磷肥能够让植物果实饱满，但让植物枝繁叶茂的能量却来源于氮元素，主要存在于氮肥中。

知 识 链 接

　　磷肥全称为磷素肥料，以磷元素为主要养分，是一种常用肥料。

38 你能接受世界上有另外一个你吗？

　　假如有一天打开门看到另一个和你一模一样的人，你会觉得难以接受吗？

在理论层面，利用克隆技术是有可能让此成为现实的。克隆技术有好的方面，如克隆器官的移植。但克隆技术遇到的伦理问题也很尖锐，电影《逃出克隆岛》中，克隆人被作为器官摘取对象和实验对象，反映出公众对于克隆技术用于人体后的深深忧虑。因此现阶段，大多数国家对克隆人采取明令禁止或者严加限制的态度。

39 因纽特人需要冰箱吗？

冰箱是我们日常生活中存储食物的必备物之一，那么生活在极地的因纽特人也会需要冰箱来储存食物吗？

曾有一位成功的销售人员将冰箱卖给他们，只不过由于当地气温太低，冰

箱的作用从制冷变成了恒温暖箱。冰箱之所以能够延长食物的存储时间，是因为食物变质主要是细菌大量繁殖造成的。冰箱降低食物温度，会使其中的细菌繁殖速度大大降低，延长食物储存时间。

在选购冰箱时，应尽量选择低能耗的无氟冰箱，环保且省钱。

40 雏鸡孵化过程中从何处汲取营养？

从一颗小小的鸡蛋中孵化出毛茸茸的小鸡，生命是多么奇妙的过程！然而小鸡是如何汲取鸡蛋的营养成长起来的呢？

鸡蛋是一个整体，由卵壳（蛋壳）、卵壳膜、蛋白（蛋清或卵白）、蛋黄（卵黄）及胚盘等部分组成。胎盘就是蛋黄中的一个小白点，也是胚胎发育的部位。蛋黄内储存着供胚胎发育的营养物质，并为胚胎直接提供营养。蛋白的作用则是保护胚胎、做缓冲剂，并提供胚胎成长所需的一部分蛋白质和水分。蛋壳则主要起保护作用。

41 为什么植物离不开阳光?

喜阴植物在办公室备受推崇,但是这些植物并非完全不需要阳光,而是需要量相对较少。

阳光是植物最基本的生存条件之一。绿色植物通过光合作用制造有机物和氧气,同时将太阳能转化成化学能储存起来,世界上几乎所有的生物都直接或者间接地利用了这些化学能。绿色植物进行光合作用后产生的氧气也改变了地球环境,为生命的演化和发展提供支持。

42 卧室里的绿植越多越好吗?

蜡梅能吸收汞蒸气,吊兰、芦荟能吸收甲醛等污染物质……很多绿植供应商的宣传语让人们恨不得将卧室布置成花房。但其实卧室里的绿植并非越多越好。

因为植物在夜间会进行呼吸作用，为植物的生命活动提供能量及原料，植物在进行呼吸作用时会吸入氧气放出二氧化碳，所以植物过多会造成室内氧气不足，影响人们的休息和健康。因此，卧室内并不适合放置过多的植物。

卧室不可以放这么多植物，它们晚上会跟你抢氧气的。

43 为什么生命的最初形式是单细胞的?

当我们看到千奇百怪的生命形式时,很难想象最初的生命是肉眼看不到的单细胞生物,而且它的外貌也不是很"可爱"。

生命从无到有,最早的有与外界分隔的生物膜,又有内部膜分隔的、有形态学特征的、有个性的生命出现于38亿～25亿年前的太古宙。那时候的生命形态是单细胞的,并居于统治地位,占据了地球生命存在的几乎6/7的时间。直到大约6亿年前元古宙晚期地震旦纪才明确出现多细胞集群,逐步演化出千姿百态的生命。

44 吃一包方便面需要32天来解毒吗?

方便面是一种常见的方便食品,味道多样,食用方便。但是有传言说方便面中含有的抗氧化剂含量高,而且方便面调料中含有的人体不需要的物质,需要经过32天才能排出体外。

首先,油炸方便面中的抗氧化剂被广泛地应用于食品工业中,按照现行的中国食品添加剂国家标准,一个人每天吃5包方便面,长年累月地吃,其中的抗氧化剂也不会危害健康。其次,方便面调料的确含有人体不需要的物质,但是只要用料符合国家标准,就不会危害健康。最后,各种人体不需要物质的摄

入量不超过肝脏和肾脏的处理能力基本不会影响人体健康。

不过,方便面本身并不是一种健康食品,它的问题是热量高、营养成分单一、往往含有比较多的盐,不宜作为常规主食。

45 日光浴会让我们更健康吗?

日光浴能预防佝偻病,增强抵抗疾病的能力。但凡事过犹不及。日光的确能促进维生素D的合成,人也离不开阳光,但日光中的紫外线会损伤皮肤,大多数皮肤癌是由于过度暴露于紫外线辐射中造成的。因此,要享受阳光,就一定要注意防晒,要选择使用高防晒系数

（SPF）的防晒霜、遮阳伞、帽子和长袖衣服等，做好防护。

> **知 识 链 接**
>
> 日光按其波长可分为可见光、红外线和紫外线，这3种光线对于人体的健康和发育都有着重要作用，尤其是紫外线。

46 如何搭建我们的膳食宝塔？

人人都想有一个健康的身体，其中饮食起到了不小的作用。膳食宝塔就是为了方便人们在日常生活中进行合理膳食而"搭建"的。

膳食宝塔共分五层，各层的位置和面积反映了各种食物在膳食中应该占的

地位和比重，包含了我们每天应吃的主要食物种类。宝塔从下而上，每日需要的摄入量递减，分别是：谷类食物和水、蔬菜和水果、鱼禽肉蛋等动物性食物、奶类和豆类、烹调油和食盐。糖和酒精等的摄入量及功效在《中国居民膳食指南》中也有说明。

47 食品添加剂应该添加吗？

三聚氰胺、苏丹红等被恶意添加进食物的成分中，让人们一时间对食品添加剂产生了强烈的抵触心理，其实，食品添加剂的出现既满足了食品工业加工工艺的需要，也满足了人们对口味或营养的需求。

食品添加剂是加入食品中的人工合成物或者天然物。食品添加剂的安全性取决于它的使用量及人体摄入量，而与使用的品种数量没有必然联系，合理合法的添加剂并不会对人体造成伤害。但是，凡是不在《食品添加剂使用标准》名单中的物质都不是食品添加剂，很多被曝光的"毒物"并非是国家规定的食品添加剂，被不法商家添加到食品中，损害了消费者的利益。

48 饱和脂肪真的是坏东西吗？

几十年来，人们一直坚信饱和脂肪会损害人体健康，并不断提醒大家减少牛排、奶油等食物的摄入。然而最新

的研究却对此提出了异议。

21项研究对34.8万人进行了多年的跟踪记录，并没有明显证据支持饱和脂肪会增加心脏病患病风险。另一项涉及16个国家64万人的研究则提出，鼓励食用大量不饱和脂肪酸、减少饱和脂肪总量的膳食指导原则有待重新考虑。但这不意味着我们可以大口吃肉、修改膳食指南，确切的结论仍有待科学家研究。

地球与环境

49 人类能穿越地心吗？

很多科幻主题的小说都描述过人类穿越地心，到达地球另

一端的场景。事实上，这是件非常困难的事情，因为地心压力可达350万个大气压，温度为3000～5000℃，以现在的科学技术水平还不能制造出能承受地心恶劣环境的装置。

50 一年一定比一天长吗？

太阳系八大行星（包括地球）围绕

太阳公转，同时进行自转。行星绕太阳公转1周是1年，自转1周是1天。作为地球人，你会毫不犹豫地说"一年比一天长"，但是假如有金星人，他们就会有不同的观点了。金星自转非常慢，以至于它的公转周期约为224.70天，自转周期却为243天，金星上的1天比1年还要长。

知·识·链·接

　　金星是太阳系中唯一一个逆向自转的行星。在金星上看，太阳是西升东落的。

51 鸵鸟能"飞"过大西洋吗？

　　科学家在非洲和南美洲年代相同的地层中发现了同种鸵鸟的化石。因为鸵鸟不会飞，无法飞越大西洋，所以这个论据间接证明了最早非洲和南美洲是连接在一起的，后来由于大陆漂移才分隔开。

52 为什么板块交界地带容易发生地震？

产生地震的原因有很多种，可分为构造地震、火山地震、塌陷地震和人工地震等。最常见的地震是构造地震，这种地震占世界地震总数的90%左右。因为板块交界地带板块运动比较活跃，所以地震带基本都处于板块交界处。

> **知 识 链 接**
>
> 世界有三大地震带，分别是：环太平洋地震带、欧亚地震带和海岭地震带。

53 假如人和恐龙生活在同一个时代会怎样?

恐龙出现在距今2.3亿年前的三叠纪,盛行于侏罗纪,在白垩纪末期灭绝。提到恐龙,人们脑海中不禁浮现出众多凶残捕食者的景象。如果人类真的能回到恐龙生活的那个年代,先不说人类是否能适应恐龙所处的自然环境,仅是逃避这些海陆空捕食能手就是一件不容易的事。如果恐龙在现代社会复活,它也面临同样严峻的生存考验。

54 人类具有共同的祖先吗?

大约在450万年前,人和猿开始分化。人类从此踏上了进化的漫长过程:

早期猿人→晚期猿人→早期智人→晚期智人（即现代人类）。人类起源于古猿，凭借这一点可以说，人类是具有共同祖先的。

知 识 链 接

　　普遍观点认为中国人源于非洲古猿，但随着南京汤山葫芦洞猿人头骨化石的出土，"南京猿人"震惊世界。这为中国人并非起源于非洲的观点提供了论据。

55 拯救地球，还是拯救人类自己？

地球是个"多灾多难"的星球，从它诞生到现在曾经历过磁暴、磁极翻转、反复的冰川期、小行星撞击等众多磨难，但是它依靠自我修复与清洁，能慢慢恢复到最佳状态。随着工业化的发展，人类过度消耗资源、排放污染物给环境带来危害。这些危害对于地球来说仅需要它用生命中短暂的时间去调整，但对于人类而言则会有物种灭绝的危险。

56 这些随手可做的环保小事你做了吗？

不浪费粮食、减少一次性消费品的使用、节约用水和用电、选择绿色出行

方式、对垃圾进行分类、拒绝野生动物制品、延长家用电器的使用时间、选择节能产品、选择环

保的衣着……这些都是我们在日常生活中不用费力就可以做到的环保小事。请大家记住：地球是我家，环保靠大家。希望每个人都能为环保尽一份力量。

知 识 链 接

　　每年的4月22日是世界地球日。

57 宇宙产生于一次大爆炸吗？

　　宇宙大爆炸学说是迄今为止现代宇宙学中最有影响的一种学说。它的主要

观点是：在宇宙孕育的早期，宇宙集中于一个体积很小、温度极高、密度极大的原始火球中。约150亿年前，原始火球发生大爆炸，物质向外膨胀，温度下降，气态物质逐渐凝聚成气云，进一步形成各种各样的恒星体系，逐渐形成了现在的宇宙。

知—识—链—接

　　星系红移、宇宙微波背景辐射等都可以作为宇宙大爆炸学说的论据。

58 沐浴月光需要防晒吗？

　　月球本身不能发光，我们看到的月光其实是月球反射太阳的光，月光与阳光的成分基本相同。可能有人会担心，沐浴在月光下，会不会被晒黑？需要用防晒霜吗？实际上，月光在最亮时的亮度也仅为阳光的1/34万，月光中的紫外线非常弱，沐浴在月光下是不需要采取防晒措施的。

知·识·链·接

　　只有恒星才能靠核聚变发光，所以我们肉眼能看到的星星绝大部分都是恒星。

59 冬冷夏热是由地球离太阳远近决定的吗？

　　地球围绕太阳公转，产生了一年之中的四季更迭。地球绕太阳公转的轨道是椭圆形的，在一年中的不同时间，地球离太阳的远近会有差异。那么，这个是造成冬冷夏热的原因吗？答案是否定

的。因为这个距离的差异非常小。如果把太阳比作火炉，地球比作你，当你离火炉10米远时，距离变化1毫米，你感受到的热量变化是微乎其微的。

知　识　链　接

　　如果你仔细看过地球仪，就会发现它是倾斜的，这是因为地球的黄道平面（公转平面）与赤道平面有23.5°的夹角。这个才是造成冬冷夏热的主要原因。

60 为什么要提倡使用环保袋？

　　普通塑料制品在大自然中需要几百年的时间进行降解。此过程不仅影响环境美观，还会带来土壤环境恶化等危害。为减少和限制塑料袋的使用，遏止白色污染，2007年12月31日，中华人民共和国国务院办公厅下发了《国务院办公厅关于限制生产销售使用塑料购物袋的通知》，人们常称之为"限塑令"。我国提倡使用无纺布、纯棉制成的环保袋，它不仅可以循环使用，而且丢弃后也能在自然条件下降解，不会给环境带来污染。

知 识 链 接

　　近些年，市场上出现了一种神奇的石头塑料袋，它以石头（碳酸钙）为原材料进行加工，降解后对环境无害。

需要购物袋吗?

我自己带了环保袋。

61 汽油的标号越大，对环境污染越小吗？

我们在汽车加油站可以看到不同标号的汽油，比如93号汽油和97号汽油，一般情况下汽油标号越高，价格就越贵一些。其实这些标号代表汽油的辛烷值，也就是抗爆性。不同的汽车发动机压缩比不同，它对汽油的需求也不同。汽油的标号与对环境污染的大小没有直接关系。

 小贴士

给汽车加油时，请按照厂家规定的要求选择汽油标号。

62 酸雨到底有多酸?

酸雨指pH小于5.6的雨雪或其他形式的降水。煤、石油、天然气等化石燃料的大量燃烧,向空气排放大量的硫氧化物或氮氧化物,这些物质在大气中经过复杂的化学反应后,被云、雪、雾捕捉吸收,最终降到地面形成酸雨。酸雨会腐蚀建筑物,导致土壤酸化,同时也会危害人体健康。

63 孔明灯为什么会上升?

孔明灯由气球和加热装置组成,加热装置中放置燃料,燃料可选用蜡烛、固体酒精、油等物质。燃料的燃烧会使周围空气受热膨胀,导致这部分空气变

得稀薄。相对于冷空气来说这里空气较轻，孔明灯就被"托"上天了。古代常用放飞孔明灯的方式祭奠先人，寄托哀思，而现代人更多的是做祈福之用。

64 为什么极地会出现臭氧层空洞？

臭氧层指大气层的平流层中臭氧浓度相对较高的部分，它在地球上空形成了一把无形的"保护伞"，阻挡了太阳光中绝大部分的紫外线，使地球生物免受伤害。臭氧层的厚度不是固定的，它与地面温度和地势相关。据观测，目前臭氧层较薄（甚至出现空洞）的地方分别在南极、北极和青藏高原上空。

知 识 链 接

每年的9月16日是臭氧层保护日。

65 在宇宙中还能找到第二个地球吗?

宇宙中类似银河系的星系约有1000亿个，银河系中有大约2000亿个恒星，也就是说宇宙中存在类似太阳系的星系约有200万亿个。作为太阳系八大行星之一的地球，在宇宙中就像一颗尘埃。如果按照适宜人类生存的行星占到总数的亿分之一来计算，宇宙中约有近千万个"地球"呢。

小贴士

目前，地球是适合人类生存的唯一家园，爱护地球环境，就是保护人类自己。

66 面对PM2.5，建监测站还是戴口罩？

PM指大气中的固体或液体颗粒状物质，是英文Particulate Matter（颗粒物）首字母的缩写。PM2.5指直径≤2.5微米的细颗粒物，又称可吸入颗粒物，它是造成雾霾天气的最主要的元凶。 PM2.5的来源有两类：自然源和人为源。自然源包括尘土、火山灰、森林火灾等；人为源包括燃煤烟尘、汽车尾气、建筑污染等，其中人工源是大气中PM2.5的主要来源。如果我们能及时、准确地监测污染

> **知识链接**
>
> 雾和霾是有区别的，主要看水分含量。我们通常把湿度＞90%的叫雾，湿度＜80%的叫霾，湿度80%～90%的叫雾霾。

源的排放，就可以从源头控制PM2.5指数，这样人们也就不用常戴口罩了。

67 地球在46亿年前是什么样子的?

科学家根据放射性元素的蜕变，预测地球上古老岩石大概诞生于40亿年前。综合考虑地球年龄与太阳系年龄相近这一因素，增加对陨石年龄的测定，最终得出地球诞生于46亿年前的结论。地球诞生之初，地表温度非常高，大部分都是炽热的岩浆，还经常有火山喷发。原始大气层主要由火山中喷出的气体，如水蒸气、氢气、氨、二氧化碳、硫化氢等组成，当时的大气层非常稀薄，无法阻挡陨石袭击，紫外线辐射也很高，不适宜生物的生存。

68 能通过射电望远镜找到外星人吗？

20世纪30年代，射电望远镜诞生。与光学望远镜接收可见光波段不同，它可以接收到天体发出的无线电波。科学家利用射电望远镜搜寻深太空信号，或许能帮助人类寻找到其他星球上存在的生命。

知 识 链 接

　　射电望远镜由天线和接收系统两大部分组成，目前世界上最大的射电望远镜的口径为500米。

69 有了无线输电还需要充电宝吗？

无线输电指不经过电缆将电能从发电装置传送到接收端的技术。有了无线输电，人们就可以摆脱出门携带手机、相机、笔记本电脑等多种电子设备电源线的烦恼，可以在机场、车站、酒店等公共场所享受无线输电，就像使用Wi-Fi网络一样便捷。

小贴士

无线输电技术面临的最大问题是无线电波在传输中的弥散和衰减，目前此技术尚未成熟，人类要过上无线化生活尚需时日。

70 沙尘暴是怎么形成的？

沙尘暴是沙暴和尘暴的总称，指强风把地面大量沙尘物质吹起并卷入空中，使空气特别混浊，水平能见度小于1000米的严重风沙天气现象。随着人口数量的增加，人类开始过度开采自然资源、过度砍伐森林和放牧，造成近年来沙尘暴频发。人为破坏环境是沙尘暴发生的最主要原因，我们只有保护好植被，防止土地沙漠化，才能减少沙尘暴灾害。

知 识 链 接

　　沙尘暴是一种生态灾害，会给人类带来巨大的损失，美国的黑风暴和苏联的白风暴就是典型的例子。

71 生活污水去哪儿了?

我们在日常生活中会产生大量的污水（主要是洗涤用水和粪便），其中含有有机物、无机盐类和细菌，需要经过污水处理厂处理后才能排放到江海中。在水资源短缺、居民需求量增加的情况下，污水的处理再利用成为了一条有效解决问题的新途径。虽然再生水（中水）不能直接饮用，但可用于洗车、浇花、冲厕所，有效提高水资源的利用率。

72 "黑夜不黑"会带来什么后果?

现在，在城市的夜空中很难看到繁星点点的景象了，星星微弱的光亮已被城市的灯光所掩盖。夜幕降临后，广告灯、霓虹灯闪烁夺目，照得夜晚如同白昼一样（即"人工白昼"），虽然方便了夜间出行之人，但也带来了不可忽视的问题。"人工白昼"会扰乱人体的生物钟，破坏鸟类和昆虫在夜间的正常繁殖过程。

知识链接

一般将光污染分成3类：白亮污染、人工白昼和彩光污染。

工程与技术

73 我们应该谈核色变吗？

日本福岛核电站泄露事件造成了很多人对核电站的困扰，甚至有些媒体使用了"福岛五十死士"等标题。核的使用真的如此危险吗？

实际上，这次事件是由地震引发海啸，进而造成核电站失控的复合型灾难。无论是人员的伤亡，还是财产的直接、间接损失，核泄漏的影响都远远低于海啸的影响。至今影响最大的切尔诺贝利事件发生后，28人因过量辐射在3个月内死亡，19人在随后的18年间死亡，大约有6000名儿童的甲状腺肿瘤病

例被认为与核物质的污染有关。即使如此，也没有某些报道所说的几十万人死亡、大量的畸形出现。

也许核产业面临的最主要问题应是提高社会公众在对待核问题上的承受力，不要轻易盲从。

74 如何理性看待转基因？

随着有关转基因食品安全性争论的升级，面对各方声音，公众更应该理性认识这一问题，避免盲从。

欧美市场上均存在转基因食品，没有严谨的科学研究表明转基因大豆与癌症、不孕不育等有关。另一方面，转基因技术是把外源基因转入已有生物，其实现在所有农业作物都有人工干涉的痕迹，转基因技术并没有比其他农业技术更违反自然规律。反而，倒是近年来有机肥料中的细菌病毒已经造成了多起食品安全事故。

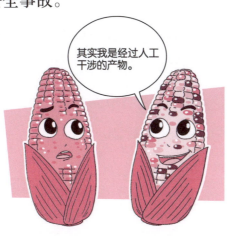

其实我是经过人工干涉的产物。

75 ABS让行车更安全吗？

制动防抱死系统简称ABS，是很多人买车时首要考虑的配件之一。它的作用是在汽车制动时，自动控制制动器制动力的大小，使车轮不抱死，保证车轮

与地面的附着力在最大值，使刹车效率达到90%以上，同时还能减少刹车消耗，延长各部件的使用寿命。

但是ABS仍存在局限性，如在平滑的干路上以及在松散的砾石路面、松土路面或积雪很深的路面上行驶，ABS无法提供最短的制动距离。有经验的司机应该根据路况进行制动。

76 火箭上天会影响我们的气候吗？

提到航空航天，就不得不提到将卫星送到太空的火箭。作为快速远距离运输工具，火箭不仅能发射卫星、探测高层大气的气象，还能投送武器弹头。火箭发射会带来高温、外部隔热泡沫等部件掉落等问题，也许会影响局部天气，但是并不会导致气候变化。火箭发射一般使用的是氮的氧化物，发射过程对环境的污染极少。

77 未来人人都有基因芯片吗？

利用基因芯片可以同时、快速、准确地分析数以千计基因组信息，还能进行疾病诊断和治疗、药物筛选等，可谓是促进人类发展、保护健康的利器。

现在，基因芯片已经被广泛地应用在生物科学领域。如在产前遗传性疾病检查中，抽取少许羊水就可以检测出胎儿是否患有遗传性疾病，同时鉴别的疾病可以达到数十种甚至数百种，有助于优生优育；或者快速检测出病人是哪种病原微生物感染，对心血管疾病、神经系统疾病等进行早期诊断。随着基因芯片的发展，也许未来我们每个人都有一个属于自己的基因芯片，做自己的"家庭医生"。

78 免费Wi-Fi真的不用埋单吗？

到餐厅先查询Wi-Fi密码、选酒店先问有没有Wi-Fi，免费Wi-Fi已经成为生活中不可缺少的一部分，然而世上没有免费的午餐，免费Wi-Fi其实危险重重。

对黑客来说，他可以很容易地模拟一个Wi-Fi热点，欺骗用户接入后，可以监听用户

数据，进而分析出用户的邮箱密码、网站登录密码等个人信息。因此在公共场所，不要随意接入来源不明的Wi-Fi，用Wi-Fi登录网银或者支付宝等时，使用专门的App软件比使用第三方浏览器安全性更高。

知　识　链　接

　　Wi-Fi是一种可以将个人电脑、移动终端等以无线方式互相连接的技术，可以无线接入互联网。

79 3D打印可以打印一切吗?

《星际迷航》中的复制器让很多人幻想着在家里制作一切。3D打印技术的出现让这种幻想可能成为现实。

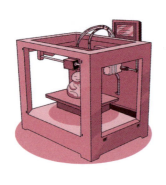

在技术和材料达到预期的未来,人们可能不再需要工厂和购物中心,只需要打印材料和一台3D打印机,就能获得日常需要的一切。只不过现在3D打印技术仍处于初级阶段,价格高,材料种类少,而且打印过程非常缓慢,多是艺术家、爱好者、医学工作者等在使用。不过随着技术的飞速发展,3D打印一切的这一天,相信不会太远。

80 为什么PX会引发词条保卫战？

百度百科中关于PX的解释为"可燃，低毒化合物，毒性略高于乙醇"，然而这样一条简明释义，却有将近80次的编辑记录。这显示着围绕这个词条，曾发生过一场不见硝烟的"战争"。

关于PX是低毒还是剧毒的词条战争起源于茂名PX项目，在项目是否上马的争论过程中，百度PX词条被一些人编辑为"剧毒"，包括清华大学学生在内的多名网友参与到为PX正名的词条保卫战中，并最终取得了胜利。假如没有这些捍卫科学知识的热心网友，也许更多的人会被网络信息误导，更有可能对政府的决策产生不恰当的质疑。在网络时

代，网络不一定提供真相，更需要网友进行科学的思考和甄别，运用科学知识参与公共事务的决策。

81 智慧城市智慧在哪里？

如果在一个城市中，居民可以随时随地按需获得各种信息，整个城市管理有效且科学，各系统之间交融协作、以人为本，这会让我们的生活更加便捷、舒适、高效。

值得庆幸的是，这种城市模式正符合"智慧城市"的概念。理想的智慧城市将以信息技术应用为主线，信息化与城市化高度融合，以物联网、云计算、移动互联和大数据等新兴热点技术为核心，实现资源最优化配置，服务于城市主体人群，展现更高的城市发展理念和创新精神，让人类拥有更美好的城市生活。

82 世界第一高楼是如何建成的？

《圣经》中描绘了人类曾经努力建造通天塔，最终以失败告终。而今，建造约1600米高的沙特阿拉伯王国大厦却成为可能。这幢乘电梯12分钟才能到顶的世界第一高楼，见证了现代建筑的奇迹。

对于这个建筑奇迹来说，最困难的不是高达几十亿美元的建设资金，而是技术问题。如为了防止海水腐蚀，其地基超过61米；为减小大风对塔楼压力而采取的塔尖设计；解决高塔重量的新型材料和电梯安全技术等。世界第一高楼，也意味着现代建筑技术迈上了一个新的高度。

83 碳纳米管让触摸屏更便宜吗？

在几乎人手一部触屏手机的今天，触摸屏已逐渐主导了电子产品市场。

市场中最常见的是电容性触摸屏，其常用材料ITO（纳米铟锡金属氧化物）性能良好，是制造触摸屏的理想材料。由于铟在自然界中产量小，所以触摸屏的价格也居高不下。好消息是科学家开发了一种主要成分是碳纳米管和低价聚合物的新型材料。虽然性能还有待提高，但是价格低廉、来源广泛、可塑性强，可能比ITO更适合制作触摸屏。如果此种材料可以大规模生产，触屏手机的价格也将会大幅度下降。

84 手机的网络是如何区分的？

我们的手机信号常出现E、H、4G、5G等字符，这些代表了当前手机网络是2G、3G、4G还是5G，也代表了不同的网速。

2G代表数字网络，短信功能就出现在这一时期，最高时期覆盖212个国家/地区的30亿人口，E、G都代表手机处

于3G之前的网速中。3G指高速IP数据网络，速度相对较快，能满足手机通过互联网进行包括语音、视频等内容的传输，在手机上显示为H或H+。4G属于全IP数据网络，在手机上显示为4G。5G是现阶段最新最快的网络模式。

85 立体农业如何利用摩天大楼应对粮食危机？

人口爆炸、能源紧缺、生态失衡都在影响传统农业的生产方式，面对粮食紧缺问题，一种新型的农业模式——立体农业应运而生。立体农业利用城市建筑以及城市中的闲置地段来生产农作物，不失为放缓粮食危机的途径之一。

如曼哈顿区一座 30层的建筑能提供约 60公顷的耕种面积， 而且种植、采摘终年 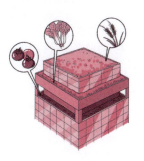 不断，可为楼里的居民提供蔬菜、粮食 等；冰岛、意大利等国家则充分利用当 地的地热资源，为立体农业提供能源； 部分城市污水经过简单的处理，也能用 于立体农业灌溉，节能减排。

知·识·链·接

　　一些人在家里阳台、屋顶种植蔬菜 等作物，也属于立体农业的一种。

86 环境治理工程如何给我们带来干净水？

　　我们每天都能喝到干净的水，每天

的生活污水也能顺利排出，这些都离不开环境治理。

在环境治理中，水污染治理是很重要的一部分。水污染治理可分为物理法、化学法和生物法。物理法即利用物理变化过程如沉淀、过滤、蒸发等来处理、分离和回收废水中的污染物。化学法则是利用化学反应或物理化学作用回收可溶性废物或胶体物质。生物法是利用微生物的生化作用处理废水中的有机物。

87 你更适合什么样的虚拟现实体验？

谷歌眼镜等新技术为虚拟现实体验拉开新的序幕，我们也不妨提前选择一种适合自己的虚拟显示体验方式。

增强现实技术适合不想拥有过强的参与感的用户。它只是将一个虚拟图层叠加在现实环境中；虚拟现实技术可以让用户直接和全息环境进行交互，需要用户的大量想象。在主动型虚拟现实中，你是完全的自由人；在被动型虚拟现实中，你的行为是由程序来表达的，原有意识被压制，行动由电脑预设。相对于个体体验，群体体验将让用户与他人共享虚拟环境。

知 识 链 接

虚拟现实技术是兴起于20世纪末的一种实用技术，实现人与虚拟实际的多种感官渠道的实时交互。

科技与社会

88 如何像科学家一样思考？

科学家往往善于观察和思考，会关注一些我们注意不到的生活小事。他们具有敏锐的观察力和判断力、透彻的分析能力、丰富的想象力。要想像科学家那样思考问题，首先要关注自身科学素质的养成，积累科学知识，掌握科学方法，树立科学思想，培养科学精神，这样才能更好地发挥自己的能力。

> **知识链接**
>
> 除了科学知识、科学方法、科学思想、科学精神，公民还应该具有一定的应用科学处理实际问题和参与公共事务的能力，即"四科两能力"。

89 为什么双盲试验普遍应用于药物研发?

　　随着生活水平的提高,大家越来越重视健康问题,这使一些所谓保健品的制造商有了忽悠的空间。"3·15"打

假节目曾曝光过制造商用成本仅几毛钱的维生素片，冒充具有多种疗效的保健品。但为什么还是有人愿意继续购买呢？这是因为买者相信保健品是具有疗效的，在他服用过程中，保健品充当了安慰剂的角色，在一定程度上改善了身体状况。服用者就会认为是保健品发挥了作用。在药品研发的过程中，为了避免人为心理因素的影响，一般都采用双盲试验，这样得出的结论更加客观。

知 识 链 接

双盲试验指在试验过程中，研究者和研究对象都不了解自己所处的分组情况，可以避免安慰剂效应和人的主观偏差。

90 爱因斯坦会后悔提出质能方程吗?

爱因斯坦是推动美国原子弹研究的第一人,但当他得知日本广

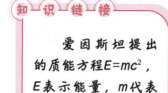

知 识 链 接

爱因斯坦提出的质能方程$E=mc^2$,E表示能量,m代表质量,c表示光速。

岛受到原子弹袭击的状况后,感到非常后悔。之后,他便加入了限制原子弹用于战争的队伍中。有人说原子弹是根据爱因斯坦提出的质能方程才被制造出来的,质能方程是导致这场灾难的"罪魁祸首"。其实,质能方程仅反映了自然规律,其给社会带来什么后果由使用它的人来决定。科学就像一把双刃剑,可

以造福人类，也可以危害人类生存。

91 常用的科学研究方法有哪些？

科学家在进行科学研究时，正确使用科学研究方法会起到事半功倍的效果。科学方法有很多，可以分为逻辑思维方法和非逻辑思维方法。其中逻辑思维方法包括归纳和演绎、分析与综合、抽象和具体等；非逻辑思维方法包括形象思维、直觉思维、创造性思维等。

知 识 链 接

科学研究的第一步是提出问题。我们要有一双善于发现问题的眼睛，勇于探究问题的本质，最终得到探究结果。

92 头上三尺有神明？

"头上三尺有神明""头上三尺有青天"，这些古语都是在教导我们，做事情之前要仔细想想，做人应当自律，不可以动邪念，做出违背良心的事情。虽然神明不存在，但我们在生活中要有自律的精神，当产生贪图享乐、骄傲自大等不良情绪时，更应该时刻提醒自己。古人信奉神明，虽是迷信，但所表达出的含义，却值得今人借鉴。

93 外国也有"天人合一"的观念吗？

我国"天人合一"的理念源于庄子，庄子说："人与天，一也。"他强

调人与天是合一的，人与自然应和谐发展。国外也有"天人合一"的说法，日本著名动画导演和漫画家宫崎骏就把"新天人合一"的生态意识融入自己的作品中。

94 《周公解梦》解的是谁的梦？

《周公解梦》是一本流传于民间的解梦书，主要依靠人的梦境来卜吉凶。人人都会做梦，当梦到不好的事情时，人们会寻求解释，希望得到心理安慰，或者知道梦境蕴含的寓意，帮助自己有效避免不好的事情。其实做梦是一种自然现象，它是大脑皮层的残留活动，可以在某种程度上反映人类的心理变化，甚至身体健康状况。常被噩梦困扰的朋友，应该多从自己身体上和心理上寻找原因，而不是盲目听信《周公解梦》的解释。

95 你在吃药还是药在"吃"你?

有些人生病不愿意看医生，会自己找药来吃。药品不对症或吃药的方法和

计量不对，都会导致病情加重。所以生病了还是要去正规医院就诊。长期服用某些药物，人体会对其产生较强的抗药性，降低药品的疗效。

96 星座能决定人的性格和命运吗？

天文学家把星空分为若干个区域，每一区就是一个星座，常被冠以神奇的传说。有些人靠星座来判断性格与命运，这是不科学的。人的性格是在先天遗传的基础上，由后天的环境和教育塑造而成的，环境和教育在性格养成的过程中起到关键的作用。命运的好坏也不是先天决定的，它掌握在人的手里，是需要通过辛勤的努力来改变的。

97 科学只是科学家的事情吗？

科学源于生活，科学家进行发明创造也离不开生活这个大背景。很多著名的科学家在小时候就善于观察生活和提出问题。比如，瓦特受到沸水顶开壶盖的启示，发明了蒸汽机；达尔文从小就喜欢观察花鸟鱼虫，最终成为著名的生物学家等。只要我们在生活中留心观察、勤于思考，任何人都有可能成为科学家。

98 为什么算命听上去那么准？

算命先生常通过生辰八字、人的相貌等给人算命。电视上法制栏目播放过

一些人因算命而上当受骗的案例，其实这些算命的人大多为一个团伙，各有分工。有人寻找目标对象"唠家常"，套到有用的信息后，再把详细情况告诉算命先生。当目标对象再听到算命先生解说时，自然会感觉算得非常准了。

99 网络如何改变了我们的生活？

有了互联网，我们在家就可以购物、就医、炒股、交友……这已经成为现代人的一种生活风尚。互联网为人类生活带来很大的便利，它能大大缩短信息的传递时间，缩短人与人之间的距离。但是，互联网的普及也会带来一些社会问题，比如人与人见面交往的机会变少了，造成人际关系淡漠等。

100 20世纪改变人类生活的发明有哪些？

电视、尼龙、塑料、青霉素、计算机、因特网、激光、基因工程、器官移植、试管婴儿、人造地球卫星、克隆技术……这些都是20世纪的伟大发明。人类在20世纪取得了巨大的科技成

就，这些科技成果极大地推动了社会的发展，改变了世界的面貌。

　　科技创新是驱动社会发展的必要条件，让我们都来争当创客，为社会发展尽一份力量。